NOTES GÉOGRAPHIQUES SUR LA SYRIE MODERNE.

NOTES GÉOGRAPHIQUES

POUR SERVIR D'INDEX

A LA CARTE DE SYRIE,

RELATIVE A L'HISTOIRE DE L'EXPÉDITION DE BONAPARTE EN ORIENT.

DE L'IMPRIMERIE DE H. L. PERRONNEAU.

A PARIS,

Chez { LAPIE, ingénieur-géographe, rue de Bussy, nº 33, maison du notaire.
PIQUET, géographe-graveur, quai Malaquais, petit hôtel de Bouillon.

XI. — 1803.

MOTIFS
QUI ONT DETERMINE L'AUTEUR
A FAIRE
UNE CARTE DE LA SYRIE.

Il manquoit à la géographie une carte moderne de la Syrie. Il n'existoit, sur cette partie intéressante de l'Asie, que des cartes partielles, qui toutes n'avoient pour but que des divisions politiques, la plupart relatives à des peuples qui n'existent plus que dans l'histoire. Depuis quelques années, les géographes attendoient avec impatience l'occasion favorable de se procurer les matériaux nécessaires pour faire ce travail; mais ce pays, depuis le moment où il est tombé entre les mains des Arabes, ayant été entièrement fermé aux Européens par suite des guerres de religion qu'ils vinrent y faire aux peuples de l'Orient, on n'y toléra plus que quelques marchands ou pélerins qui, par intérêt ou zèle religieux, achetoient, à prix d'argent, la permission limitée d'y établir des comptoirs ou d'accomplir leur pélerinage : ces différens individus, uniquement occupés des motifs qui les amenoient dans ces climats au péril de leurs jours, n'étoient nullement propres à donner les notions qu'on pouvoit desirer. Plusieurs voyageurs, à la vérité, nous en avoient laissé des relations assez étendues ; mais presque tous n'ayant eu pour but que de visiter les lieux consacrés par les religions juive ou chrétienne, avoient seulement parcouru la Palestine, qui n'est qu'une très-petite partie de la Syrie. Il étoit réservé à la fin du dix-huitième siècle de rendre ce pays au monde savant, et de lui assigner la place exacte qu'il mérite parmi les divisions physiques et politiques du globe. Volney fut le premier qui débrouilla le chaos des connoissances que l'histoire nous avoit laissées sur la Syrie, et qui osa se transporter sur le terrein même pour y reconnoître l'état où se trouvoient alors les choses. Voyageur intrépide et philosophe, il l'a parcourue toute entière, s'en est formé l'idée la plus précise, et nous en a transmis le résultat avec la vérité qu'exigeoit un objet aussi intéressant. Sa relation est ce qui existe de plus parfait en ce genre, et peut servir de modèle à tous ceux qui voudront dans la suite voyager pour les progrès de l'instruction publique. Il ne manque à son ouvrage pour le compléter qu'une carte plus étendue et plus détaillée que celle qu'il y a jointe; mais son intention n'étant que de donner une idée des nouvelles divisions politiques du pays, il en a négligé les détails géographiques, qui lui auroient nécessité un travail particulier et demandé trop de temps.

L'époque de l'expédition de Bonaparte en Asie devoit être aussi le moment favorable d'en faire mieux connoître les peuples et les pays; mais par malheur pour ces climats, de plus grands projets vinrent arrêter ce héros au milieu de ses conquêtes, et le ramenèrent au sein de sa patrie, dont les périls éminens réclamoient impérieusement sa présence. Avec lui revinrent en Europe le calme et la paix, cette divinité bienfaisante, sous l'égide de laquelle les arts et les sciences s'efforcent aujourd'hui d'éterniser les circonstances qui, au milieu des fureurs de la guerre, ont porté la nation française à ce haut point de grandeur qui fait l'admiration de tous les peuples, et dont le souvenir passera à la postérité la plus reculée.

Lors de cette mémorable expédition,

comme il fut impossible de se procurer sur la Syrie aucune carte assez détaillée pour donner les premières notions des lieux que l'on alloit parcourir, on fut obligé, à mesure que l'on avançoit dans le pays, de faire toutes les découvertes et reconnoissances que les circonstances exigèrent. Chargé de cette fonction par le général Kléber, qui commanda pendant cette campagne l'avant-garde de l'armée, j'ai levé les plans d'une partie des lieux où nous avons pénétré; et me proposant alors de joindre ces différens plans à des notes que je faisois sur nos opérations militaires, j'eus soin d'y indiquer nos marches, nos campemens, nos champs de bataille, et tous les mouvemens de nos ennemis. Je prenois, outre cela, auprès des habitans, des renseignemens sur les endroits que je ne pouvois reconnoître par moi-même, et chaque jour j'en obtenois de très-précieux sur la topographie de ces différentes contrées.

Pendant le siége de St.-Jean-d'Acre, j'ai reconnu toutes les rives du Jourdain; et en parcourant les montagnes de la Haute-Galilée et de l'anti-Liban, j'ai observé de dessus les sommets les plus élevés la direction de la chaîne principale qui traverse la Syrie, celle de ses différens rameaux, et la chute des eaux qui en découlent; ce qui m'a donné une idée à peu près complète du système géographique de cette partie de l'Asie.

C'est avec ces matériaux et ceux qui existoient déja, que je me suis déterminé à tracer la carte que je publie aujourd'hui. Danville et Volney ont été les deux guides d'après lesquels je me suis principalement dirigé. Le premier a donné, sur la géographie ancienne de la Syrie, des détails très-vrais, et qui surprennent d'autant plus qu'il n'a jamais été sur les lieux. Quant au second, je ne pouvois suivre un conducteur plus fidèle, un observateur plus exact, et un philosophe plus vrai. J'ai réuni, en outre, tout ce que j'ai trouvé de relatif à mon sujet dans l'histoire ancienne et moderne, et après m'être fait un canevas de toutes ces différentes données, je les ai comparées et accordées sur les lieux mêmes. Je me suis sur-tout attaché à recueillir des habitans les éclaircissemens les plus précis sur l'état actuel de la Syrie, sur ses nouvelles divisions politiques, sur la situation présente des villes et des villages, sur les parties habitées ou incultes, sur les routes les plus fréquentées ou celles qui ont été abandonnées; enfin, pendant que j'étois dans le pays, j'ai fait toutes les recherches que j'ai cru nécessaires pour présenter sur cette contrée un tableau géographique, exact et complet, autant que possible.

Comme je me propose d'écrire par la suite sur la Syrie d'une manière plus étendue, je me contenterai de donner, dans ce petit ouvrage que j'offre simplement comme l'index de la carte de ce pays, quelques notions géographiques sur sa situation actuelle, ne m'étant d'ailleurs décidé à faire graver cette carte de l'expédition de Bonaparte en Asie que pour satisfaire à l'empressement que témoigne le public de connoître tout ce qui a rapport aux opérations militaires de notre armée d'Orient.

DESCRIPTION
GEOGRAPHIQUE
DE LA SYRIE.

La Syrie, nommée actuellement par les Orientaux *Barr-el-Cham*, ou pays de la gauche, est bornée au nord par l'Asie mineure, à l'est par l'Euphrate et le grand désert, au sud par l'Arabie pétrée, et à l'ouest par la Méditerranée. Elle est située entre le 31e et le 37e degré de latitude, et entre le 32e de longitude du méridien de Paris et le 37e; mais on ne peut regarder comme habitables que les deux cinquièmes de ce vaste espace; le reste est occupé par la Méditerranée, ou s'étend sur des déserts impraticables.

Une longue chaîne de montagnes qui règne du nord au sud, et forme pour ainsi dire tout ce pays, est une des branches de la grande chaîne du Caucase, qui, après avoir parcouru une partie de l'Asie mineure, sous l'ancien nom de *Taurus* (1), traverse la Syrie sous celui de Liban, puis va se

(1) Le mont Taurus est connu actuellement dans le pays sous le nom de *Gebel Kurûn*.

perdre dans l'Yemen près du détroit de *Bab-el-mandel.*

A partir de son entrée en Syrie jusqu'au 35e degré de latitude, ses sommités conservent à peu près la même hauteur, qui peut être de mille à douze cents toises. De ce point jusqu'au 34e degré, elles s'exhaussent insensiblement, et sous cette ligne elles offrent leurs parties les plus élevées, que Volney a estimées de quinze à seize cents toises. De là, jusqu'à l'extrémité de la Syrie, les sommets baissent progressivement, et n'ont plus que quatre ou cinq cents toises de hauteur. En entrant dans la Syrie, le Liban forme plusieurs rameaux, et jette des branches jusque dans le grand désert; mais cette dernière partie est très-peu connue. Le déversement de ses eaux, jusqu'au 36e degré de latitude, se fait du nord au sud. Les eaux pendantes à l'est de la montagne se déversent dans l'Euphrate; celles du centre dans la vallée du *Koïk*, où elles forment une petite rivière de ce nom qui va se perdre dans le lac *Kinerin*, au-dessous de la ville d'Alep. Les eaux de l'ouest suivent la même direction, et elles viennent se jeter dans le lac d'Antioche, qui, par sa communication avec l'*Oronte*, les porte dans la Méditerranée. Il n'y a que les eaux à l'ouest de l'ancien mont *Rosus* qui ont une direction différente.

Les contreforts de la montagne les dirigent au nord-ouest jusqu'à la Méditerranée, où elles se jettent à peu de distance de leur source.

Cette partie, ainsi que tout le reste de la chaîne du Liban, est composée d'une pierre calcaire fort dure, sur-tout dans les faces qui regardent le désert. Près d'Alep et de Balbek, cette pierre acquiert presque la dureté du marbre, et est susceptible d'un assez beau poli; sa couleur est jaune ou d'un blanc terne; celle que l'on extrait des carrières près d'Alep est jaune, et les minéralogistes la connoissent ordinairement sous le nom de brèche d'Alep. Dans le voisinage des lacs d'*El-houlé*, de Tibériade et de la mer Morte, la montagne offre des masses énormes de bazalte et différens produits volcaniques. Toute la chaîne du Liban est propre à la culture, mais principalement les pentes du nord et de l'ouest; la plupart sont boisées et présentent des sites très-pittoresques. La terre est généralement rude, mais facile à remuer : le chêne, le cyprès, le cèdre, le mûrier, la vigne, le figuier et le laurier y viennent très-bien, et n'exigent que peu de soins. Quant aux parties qui regardent l'est et le sud, il s'en faut de beaucoup que la nature les ait favorisées autant; presque toutes sont nues et dépourvues de terre végétale, principalement du côté du désert. Les montagnes, si belles vers le couchant, offrent ici l'image la plus triste; la nature y est sans vie; l'œil du voyageur n'y apperçoit que des monceaux énormes de rochers entassés les uns sur les autres : c'est sur-tout dans les environs de la mer Morte que ce spectacle est le plus frappant.

Les vallées sont susceptibles de la plus riche culture; le terrein est gras, léger, et demande fort peu de travail au cultivateur. La plupart sont parfaitement arrosées, et la grande chaleur du climat donne à la végétation une activité qui lui est extrêmement favorable.

Comme le Liban offre depuis le 36e jusqu'au 34e degré de latitude ses points les plus élevés, c'est aussi dans cet espace que s'opère le partage des eaux. Leur écoulement, en remontant vers le nord, forme à l'est le fleuve Oronte qui, après un cours de soixante lieues, se replie à l'ouest, et va se jeter dans la Méditerranée, un peu au-dessous de Séleucie. A gauche de la montagne, les eaux, dirigées au nord-ouest par les différens contreforts de la chaîne principale, produisent plusieurs petites rivières, ou plutôt des torrens, qui coulent dans une étendue de quelques lieues, et se rendent ensuite à la mer.

Toutes les pentes de cette partie du Liban, quoique fort escarpées, peuvent répondre aux soins de l'agriculteur. Les plaines, sur-tout, sont très-fertiles; celles de l'Oronte ont été de tout temps réputées pour les meilleurs pâturages de l'Asie; celles qui bordent la Méditerranée admettent toute espèce de culture : la vigne, le mûrier, le coton, le tabac, y réussissent parfaitement, et leurs différentes productions sont renommées dans tout l'Orient pour leur excellente qualité.

La montagne, à partir de dix lieues au-dessus du 34e degré de latitude, se divise, dans sa partie la plus haute, en deux branches qui ne sont séparées que par la vallée de Béqâa : celle qui est à l'ouest garde le nom de Liban, et celle de l'est prend celui d'anti-Liban. L'une et l'autre ont leurs sommets si élevés, qu'ils conservent dans leurs parties abritées des neiges et des glaces pendant toute l'année.

L'anti-Liban, connu actuellement dans le pays sous le nom de *Gebel-el-Chaik* et de *Gebel-el-Hasbâya*, déverse ses eaux au nord dans l'Oronte, et à l'est dans la plaine de Damas, où elles forment un très-grand lac connu sous le nom de *Bahar-el-Margi*. Au sud, elles donnent naissance au Jourdain, et du côté de l'ouest à la Qâsmie, qui, après avoir arrosé la vallée de Béqâa, va se joindre à la Méditerranée un peu au-dessus de l'ancienne Tyr. Cette partie de la montagne jette à l'est, dans le grand désert, une branche très-considérable, mais peu connue.

Toute la chaîne de l'anti-Liban est fort bien cultivée, sur-tout dans les parties nord et nord-ouest qui sont abritées des vents chauds du désert. Les plaines de Damas sont tellement vantées pour leur grande fertilité, que les Orientaux y placent leur paradis terrestre.

Le Liban, qui est à l'occident de la vallée de Béqâa, forme la partie la plus intéressante du pays; c'est la mieux cultivée, et celle dont la population est la plus nombreuse. La montagne à l'est déverse ses eaux dans la Qâsmie qui la cotoie sur une étendue de vingt-cinq lieues, et à l'occident elles produisent différens torrens qui après avoir arrosé les plaines de Tyr, Sidon, Baîrout et Tripoli, se précipitent dans la Méditerranée. Toute cette portion de la Syrie est très-fertile et habitée par un peuple très-industrieux (les Druzes). Elle est aussi la mieux arrosée, parce que la fonte des neiges qui ne se fait que fort tard sur les sommets les plus élevés du Liban lui fournit des eaux abondantes, même dans les plus grandes chaleurs de l'été. C'est là que se trouvent ces fameux cèdres cités tant de fois dans l'histoire des Hébreux; mais en ce moment ils sont presque tous détruits, et il n'en existe plus que quatre ou cinq qui puissent piquer la curiosité des voyageurs. Les sapins, les chênes, les mûriers, les figuiers et les vignes y croissent avec succès, et font la richesse du pays.

Un peu au-dessus du 33e degré de latitude, la chaîne des montagnes se divise de nouveau en deux branches, qui, séparées par la vallée du Jourdain, vont se réunir dans les déserts de l'Arabie pétrée, un peu au-dessous de Karac, l'ancienne capitale de cette province. Cette partie de la montagne est la plus basse du Liban. Les neiges n'y séjournent plus; on peut l'habiter et la cultiver jusque sur ses sommets les plus élevés: sa hauteur la plus ordinaire est de quatre a cinq cents toises. Les montagnes qui sont à l'est du Jourdain déversent leurs eaux à droite dans le désert, où elles donnent naissance à plusieurs torrens qui vont se perdre dans les sables, et à gauche dans la vaste plaine du Jourdain où elles forment ce fleuve, la mer Morte et les deux lacs supérieurs. Toute cette partie est la plus pauvre de la Syrie; les montagnes sont presque par-tout dépouillées de terre végétale, et les plaines ouvertes du côté du désert ne sont plus fréquentées que par des tribus d'Arabes pasteurs, qui en ont expulsé les habitans.

C'est sur-tout près de la mer Morte que la nature offre le moins de ressources: la plupart des montagnes sont nues et calcinées par l'ardeur du soleil. Le désert vient confiner à leurs pieds, et tout ce pays n'est plus maintenant qu'une affreuse solitude.

La partie de la montagne qui est à l'ouest du Jourdain conserve, sur presque tous ses points, la hauteur de celle dont je viens de parler. A l'est elle déverse ses eaux dans la plaine du Jourdain, et à l'ouest elle forme plusieurs torrens qui arrosent les plaines de Gaza, Jaffa et Césarée, puis se jettent dans la Méditerranée après un cours de quatre ou cinq lieues. Cette branche est une des moins fertiles du Liban, et par conséquent ne comporte qu'une foible population. Cependant, sur ses pentes moins roides que celles des montagnes supérieures, les terres sont assez bonnes, et la culture extrêmement facile : plusieurs parties même, sur-tout du côté de Safet, du mont Tabor et de Nâplous, sont boisées et portent des oliviers superbes. Les plaines du Jourdain et celles qui longent le rivage de la mer, telles que celles de Gaza, de Jaffa et de Saint-Jean-d'Acre, étant bien arrosées et composées d'une excellente terre végétale, seroient très-fertiles, si la tyrannie du gouvernement turc et les incursions fréquentes des Arabes du désert n'en avoient presque totalement expulsé les habitans. Le doura, le blé, le coton, le nopal et tous les arbres fruitiers y réussissent on ne peut mieux. En ce moment la plus grande partie de ces plaines sont incultes, et ne servent qu'au pacage des troupeaux des Arabes pasteurs. Les villages qui s'y trouvent encore sont à des distances très-éloignées, et tombent presque tous en ruines. On n'y rencontre plus que quelques malheureux fellahs qui végètent dans une affreuse misère. Les villes de la côte ne sont pas non plus dans un état très-florissant; elles n'existent que par leur commerce et leur industrie.

Ce pays seroit pourtant susceptible d'une très-grande amélioration; et entre les mains d'un peuple plus industrieux et moins destructeur que ne l'est le peuple turc, il pourroit offrir beaucoup d'avantages; mais ici, plus que partout ailleurs, la tyrannie rapace et aveugle des Ottomans semble vouloir prouver la vérité de ce proverbe qui est dans la bouche de tous les Orientaux: Par-tout où l'Osmanli (1) met le pied, l'herbe cesse d'y croître.

Cette contrée, quoique la plus pauvre de la Syrie, n'en est cependant pas la moins célèbre; c'est la terre promise des Hébreux, c'est le berceau de la religion chrétienne; c'est un pays qui sera à jamais illustre dans les fastes militaires de presque tous les peuples; c'est un vaste

---

(1) Sectateur de la religion de Mahomet.

champ de bataille où tour à tour les Assyriens, les Juifs, les Grecs, les Parthes, les Romains et presque toutes les nations de l'ancien monde sont venues se mesurer les unes avec les autres, et tenter le sort des combats. Ninus, Sémiramis, Sésostris, Alexandre, Pompée, Marc-Antoine, César, Titus, Zénobie et l'empereur Aurélien y ont successivement porté leurs armes. Cette province a été la première conquête des Arabes, et pendant des siècles entiers l'élite des troupes de nos princes chrétiens d'Europe est venue s'y battre en champ clos avec eux. Enfin, le plus grand et le plus hardi des guerriers vient d'y conduire nos phalanges républicaines, et y a vaincu les innombrables armées de l'empire ottoman. Si l'on considère aussi ce pays sous les rapports de religion, il n'en est aucun qui ait acquis plus de célébrité. Trois des principales sectes religieuses y ont pris naissance, celle de Moïse, celle de Jésus, celle de Mahomet. Les mânes du premier de ces législateurs y reposent encore; le second y a jeté les premiers fondemens de sa religion; et le troisième, dans les différens voyages qu'il y a faits comme négociant, a conçu l'idée de devenir le prophète et le législateur de son pays (1).

(1) Le père de Mahomet, dans un de ces voyages, mourut à Gaza, où j'ai vu son tombeau.

DIVISION POLITIQUE
DE LA SYRIE
ET DES PEUPLES
QUI L'HABITENT ACTUELLEMENT.

La Syrie, à l'époque où Bonaparte vint y porter la guerre, étoit divisée en quatre pachalics, celui d'Alep, de Tripoli, d'Acre et de Damas.

PACHALIC D'ALEP.

Le pachalic d'Alep suit au nord les bornes de la Syrie ; il commence près de la ville de Merkes sur les bords de la Méditerranée, au fond du golfe d'Aias, traverse les montagnes, passe au-dessus d'Aentab, longe la petite rivière de Simerin jusqu'à l'Euphrate près l'ancien château de *Roum-Kala*. De ce point il suit l'Euphrate jusqu'à Rajik, d'où il vient, par une ligne circulaire tracée dans le désert, aboutir à Marra. De cette ville il remonte par le nord-ouest à *Chogr*, et va se terminer à la mer, quelques lieues au-dessous de l'embouchure de l'Oronte.

Les montagnes de ce pachalic sont presque toutes habitées par les Ansarié, peuplade considérable, et une des plus anciennes du pays, qui vit indépendante sous ses chefs particuliers, et paye seulement tribut aux pachas de la Porte ottomane. Les Ansarié ne sont ni turcs ni chrétiens ; la religion qu'ils professent est très-peu connue ; mais ils sont bons cultivateurs et industrieux.

Les plaines d'Antioche sont fréquentées par des hordes de Turcomans, peuple pasteur et très-puissant, établi dans le midi de l'Asie mineure. Ils envoient chaque année une partie de leurs troupeaux pacager jusque sur les bords du fleuve Oronte, qu'ils dépassent rarement.

Les plaines d'Alep et celles de l'Euphrate le sont par les Kourdes, dont le corps de nation habite les montagnes qui bordent au couchant le lac de Van, et dont les différentes hordes conduisent leurs troupeaux jusque dans l'intérieur de ce pachalic, qui est leur dernière limite du côté du sud-ouest. Cette nation est très-puissante, et professe, ainsi que les Turcomans, la religion de Mahomet.

Le désert n'est occupé que par différentes tribus d'Arabes pasteurs, qui font des courses et conduisent leurs troupeaux jusque dans les environs d'Alep. Les deux plus puissantes sont celles des Anazé et des Maouali, qui sont en possession de presque toute la partie du désert frontière de la Syrie.

PACHALIC DE TRIPOLI.

Le pachalic de Tripoli suit au nord la frontière de celui d'Alep, depuis le bord de la mer jusque sur les sommets du Liban; de là il redescend au sud jusqu'à la hauteur de *Balbek*, d'où continuant à suivre au nord-ouest les contours de la montagne, il vient aboutir à la Méditerranée au-dessous de *Djebail*, entre le *Nahar-Ibrahim* et le *Nahar-el-Kelb*.

La presque totalité de ce pachalic est habitée par les Ansarié, dont le territoire s'étend jusqu'au *Nahar-el-Kebir*. Il n'y a que les villes de la côte qui le soient par les Turcs.

PACHALIC D'ACRE.

Le pachalic d'Acre a pour frontière, au nord, les limites de celui de Tripoli jusqu'à l'embranchement de l'anti-Liban; là il descend au sud et se prolonge en suivant cette montagne jusqu'aux sources du Jourdain, qu'il cotoie jusqu'à la hauteur de Tabarié. De ce point il se replie au sud-ouest dans la direction des montagnes de Naïne, et de là va se terminer à la mer en suivant le *Nahar-el-Kassab*.

La partie de ce pachalic où se trouve le Liban et l'anti-Liban est habitée par les Druzes, nation libre et puissante, gouvernée par ses cheiks ou émirs particuliers, qui payent tribut au pacha de la Porte. Leur religion approche beaucoup de celle des chrétiens de l'église de Rome. La partie basse du Liban qui regarde la mer, et est comprise entre le *Nahar-el-Kebir* et le *Nahar-el-Kelb*, forme le Kesraouân, province habitée par les Maronites, petite peuplade indépendante comme les Druzes, et professant la religion des schismatiques grecs.

La vallée de Beqâa étoit habitée, il y a quelques années, par une horde de Turcs de la religion d'Aly, appelée Mathoualis, qui payoit tribut au pacha d'Acre; mais Djezar, dans les guerres qu'il leur a faites pour se rendre maître de leur pays, les a presque tous détruits. Maintenant ils sont en très-petit nombre, et dispersés dans les environs de leur ancien territoire.

Le reste de ce pachalic, faisant partie de l'ancienne Judée, est habité par de foibles et pauvres peuplades turques ou chrétiennes, qui vivent sous la dépendance immédiate du pacha d'Acre.

PACHALIC DE DAMAS.

Le pachalic de Damas est borné à l'ouest par ceux de Tripoli et d'Acre, au nord par celui d'Alep, et au sud il s'étend indéfiniment dans le grand désert. On pourroit cependant le circonscrire par une ligne qui, formée à l'est par les montagnes de *Geboul*, viendroit passer à Palmire, et de là se replieroit au sud jusqu'à l'extrémité de la mer Morte, d'où elle suivroit, jusqu'à la Méditerranée, la limite de la Syrie du côté du désert de l'isthme de Suez. Toute cette immense étendue de pays est très-peu habitée; les plaines de *Famié*, *Hama* et d'*Hems* deviennent presque désertes, et ne sont plus fréquentées que par les tribus arabes du désert, qui, dans la saison des herbages, après les pluies du printemps, y mènent paître leurs troupeaux.

La plaine de Damas est le plus riche canton et le plus populeux de toute cette partie. Son territoire est habité par des cultivateurs, la plupart de la religion turque, et n'appartenant, comme tous les agriculteurs des plaines de Syrie, à aucun corps de nation. Les Turcs les désignent tous sous le nom de Fellahs; la plupart vivent dans une grande pauvreté, et ne sont que fermiers des biens qu'ils cultivent.

Dans la partie de ce pachalic, formant le reste de l'ancienne Judée, les montagnes sont habitées par une infinité de petites peuplades turques ou chrétiennes, qui, pour la plupart, dépendent immédiatement du pacha de Damas : il n'y a que les Montagnes de Nâplous à Jérusalem qui soient occupées par un petit peuple connu sous le nom de Nâplousins, se gouvernant par ses propres lois, et obéissant à un chef particulier qui paye tribut au pacha de Damas. Cette peuplade, quoique turque, est très-industrieuse, s'adonne à la culture, et fournit d'excellens soldats. Leurs montagnes sont impénétrables, et les Turcs même n'osent y aller lever les tributs. On trouve dans les environs de *Nazareth*, du mont *Tabor*, de *Safet* et de *Jérusalem* quelques petites bourgades juives ou chrétiennes qui vivent sous le gouvernement turc.

Les plaines qui avoisinent la mer Morte ne sont fréquentées que par les tribus arabes des déserts environnans, telles que celles de *Sakre*, *Haouari* et de *Serdié*. Les plaines d'Hebron étoient occupées par les Arabes Tarabins, que le visir vient tout récemment d'expulser du pays pour nous avoir été attachés dans notre expédition de Syrie.

Les plaines de Gaza, Ramlé et de Jaffa sont habitées par des paysans agriculteurs ou fellahs, qui sont tellement vexés par le gouvernement turc et les incursions des Arabes, que la plupart vivent dans une pauvreté déplorable, et finiront tôt ou tard par abandonner leurs foyers pour se réfugier dans la montagne. Toutes ces plaines sont fréquentées par deux puissantes tribus d'Arabes, celle de *Haiche* et celle d'*Acmet Bekir*, qui sont venues s'y établir il y a quelques années.

Le territoire de Jérusalem et de Jaffa, quoiqu'enclavé dans le pachalic de Damas, n'en dépend cependant point. Il appartient en propre aux sultanes du vieux sérail de Constantinople, qui chaque année y envoient des agens pour en percevoir les tributs. Les Turcs qualifient toute cette partie de la Syrie de *lieux saints*, et le Grand-seigneur, dans les titres pompeux qu'il se donne, ne s'en déclare que le protecteur et non le maître. Depuis longtemps le tribut de ces villes, et les sommes prélevées sur les pélerins de la religion chrétienne qui vont visiter les saints lieux, ont été affectés par un des sultans aux menus plaisirs des dames du sérail, et l'inspection en est confiée au kizler aga, ou chef des eunuques noirs.

Toutes les villes de Syrie, telles que celles d'Antioche, Damas, Jérusalem, et celles qui se trouvent sur les bords de la Méditerranée, sont habitées par des Turcs négocians, artisans ou agens du gouvernement. Presque tous sont étrangers et n'ont aucunes propriétés sur les lieux. En général toutes ces villes sont pauvres, et n'existent que par le peu de commerce qu'elles font. Tel est l'état de misère où le gouvernement des Turcs a réduit un pays qui devroit être un des plus florissans de l'univers.

J'ai cru devoir indiquer sur la carte de la Syrie les anciennes divisions par tribus du pays des Hébreux. Des circonstances religieuses ayant donné à ce petit peuple une très-grande célébrité, on y retrouvera avec plaisir les lieux cités dans leur histoire, et l'on pourra se former une idée exacte de la partie de la Syrie qui a été sous leur dépendance.

ROUTES DE LA SYRIE.

Comme j'ai principalement considéré la Syrie sous le point de vue de la guerre et du commerce, je me suis attaché à en tracer les routes fréquentées, soit par les peuples anciens, soit par les peuples modernes.

Ce pays ayant été de tout temps l'entrepôt du commerce entre l'Asie, l'Afrique et l'Europe, a dû avoir des routes très-pratiquées, aboutissant à ces différentes parties du monde. Si elles le sont peu aujourd'hui, il ne faut s'en prendre qu'à l'insouciance des Turcs, qui détruisent souvent et ne réparent jamais.

Les plus intéressantes de la Syrie sont celles qui communiquent avec la Perse et l'Inde; c'est par là que se faisoit une partie du commerce de l'Orient avant la découverte du cap de Bonne-Espérance. Les routes les plus anciennement connues de ce côté sont celles de Damas à Palmire, ou la route qui venoit d'Apamée à cette dernière ville. Celle-ci sur-tout a longtemps servi de passage aux Romains dans leurs guerres contre les Parthes; mais depuis la destruction de la capitale de leur empire par Aurélien, elle a été totalement abandonnée, et l'on n'y rencontre plus que quelques petites caravanes d'Arabes du désert. Maintenant les routes que l'on fréquente davantage sont beaucoup plus rapprochées de l'Euphrate , et viennent toutes se rendre à Alep. Trois routes principales partent de cette dernière ville pour la Perse. La première et la plus éloignée au sud de l'Euphrate, traverse presque tout le grand désert, et aboutit directement à Bassora. Chaque année il vient, par cette voie, à Alep, une ou deux caravanes très-richement chargées en marchandises de l'Inde et de la Perse. Elle est tracée toute entière au milieu d'un désert extrêmement aride, où l'on n'apperçoit aucune espèce d'habitation et de culture. L'eau y est très-rare, et les caravanes sont quelquefois quatre et cinq jours sans pouvoir en trouver. La distance d'Alep à Bassora est de 330 lieues, que les caravanes font en quarante ou quarante-cinq jours, et les messagers en vingt-cinq.

La seconde route, qui est au nord de celle-ci, se rapproche beaucoup plus de l'Euphrate, et va directement d'Alep à Bagdad. Elle est infiniment plus commode que celle du désert, attendu que les caravanes y trouvent plus fréquemment de l'eau, passent dans plusieurs villes où elles peuvent prendre des vivres, et sont bien moins de temps en chemin. Elle n'est que de 180 lieues, et se fait en vingt-cinq ou trente jours.

De Bagdad on se rend, par terre ou par l'Euphrate, à Bassora, d'où l'on embarque les marchandises destinées pour les Indes, la Chine et le Japon.

La troisième route remonte au nord-est, et traverse l'Euphrate à El-Bir, passe par la capitale du Diarbekir, puis redescendant au sud entre l'Euphrate et le Tigre, vient également aboutir à Bagdad. Comme elle est plus longue que les deux autres, les négocians de la Syrie s'en servent peu ; mais c'est celle que suivent ordinairement les courriers du gouvernement, et tous ceux qui se rendent de Constantinople à Bagdad. Elle traverse de très-beaux pays et des villes très-commerçantes; c'est une des principales de l'empire ottoman : on y trouve des postes placées très-régulièrement de distance en distance, et des établissemens pour la commodité des voyageurs. On compte d'Alep à Bagdad, par ce chemin, 310 lieues, que les caravanes font en quarante-cinq jours de marche. Les Anglais usent de cette voie et de celle du grand désert pour correspondre, par terre, avec leurs possessions de l'Inde. Ils ont des agens dans toute l'étendue de ces routes, et font passer leurs dépêches avec une étonnante célérité.

Du même point d'Alep, part une route qui, remontant droit au nord, passe par Aentab, et de là se repliant à l'ouest, parcourt toute l'Asie mineure, et va se rendre à Constantinople. C'est par elle que l'on envoie dans cette capitale les tributs de l'Egypte et de la Syrie; c'est elle que l'on tient le plus communément pour entrer dans ce pays par le nord.

Sur le bord de la Méditerranée, on trouve une route pratiquée dans les montagnes qui vient aussi de l'Asie mineure par *Adana*, et aboutit à Alexandrette; mais on y passe peu à cause de l'aspérité du chemin.

Il n'en est pas de même de celle d'Alexandrette à Alep par Antioche; c'est par là que se fait tout le commerce entre l'Europe et une partie de l'Asie. Alexandrette, mieux située qu'Alep pour le commerce de l'intérieur, n'est pour ainsi dire que le port de cette dernière ville. C'est dans la rade de cette première ville que viennent aborder les vaisseaux des nations commerçantes; ils y débarquent leurs marchandises et s'en retournent avec celles qu'on leur apporte d'Alep à dos de chameau.

Les autres routes qui coupent la Syrie en différens sens, et viennent aboutir aux villes de la côte ou de l'intérieur, ne sont guère fréquentées que par les habitans du pays, la plupart étant tracées dans un terrein montueux et très-difficile. La plus remarquable est celle qui vient d'Alep à

Damas, par *Marra*, *Hama*, *Hems* et *Kteifa*. C'est celle que suivent les corps de troupes qui ont à parcourir ce pays, et les nombreuses bandes de pélerins qui viennent chaque année de Constantinople, de l'Asie mineure et d'une partie de la Perse, se réunir à Damas pour se rendre de là, par le désert, en pélerinage à la Mekke.

De Damas partent deux routes très-intéressantes. L'une se dirige au sud, en laissant à sa droite les montagnes qui bordent la mer Rouge, traverse toute l'Arabie pétrée, et se rend à la Mekke. Cette route, qui est celle que tient chaque année la caravane qui vient des pays de l'Orient et du Nord, est tracée dans des déserts si arides, qu'il a fallu toute la ferveur du zèle religieux et la cupidité du commerce pour la faire pratiquer.

La seconde, s'inclinant au sud-ouest, passe par les montagnes qui séparent les plaines du Jourdain de celles de Damas, et vient se terminer à la Méditerranée, en traversant les gorges des montagnes de *Safet* et d'*Hatine*. Une autre branche, reprenant au sud, longe le lac de Tibériade, et vient déboucher près du mont Tabor, dans la vaste plaine *d'Ezdrelon*. C'est par ces défilés que doivent passer toutes les armées qui ont à se transporter de l'Asie dans l'Afrique; c'est là que se sont livrées toutes les batailles qui ont ensanglanté ce pays, et c'est là qu'elles se livreront tant que les peuples se feront la guerre ; c'est en cet endroit que nous sommes venus attendre les Ottomans qui devoient nous attaquer en Egypte , et que nous les avons défaits en bataille rangée. Leur déroute est un trophée élevé dans ces contrées à la bravoure et à l'intrépidité des soldats de la nation française. La victoire a gravé en lettres de sang au pied du mont Tabor : *Ici trois mille Français ont battu soixante mille Turcs.*

Quant aux autres routes qui traversent en différens sens la Palestine, elles sont peu fréquentées; il n'y a que celle de Jaffa à Jérusalem qui présente quelque intérêt, comme servant chaque année à conduire dans cette dernière ville les caravanes des pélerins de la religion chrétienne.

La route qui prend depuis Acre et cotoie la mer, ainsi que la branche qui, après avoir traversé le Carmel, vient passer à Qâquoun, et de là se réunir à la première près de Jaffa, est celle qu'a suivie notre armée , et la seule que puisse tenir un corps de troupes qui veut s'avancer dans ce pays, attendu que toutes les montagnes en sont impénétrables. Elle est tracée dans une vaste plaine qui, depuis Gaza jusqu'à Acre, offre à chaque pas de superbes positions militaires, et que la nature semble avoir destinée à être un champ de bataille entre les nations de l'Asie et celles de l'Afrique. Aussi, depuis des milliers de siècles elle a porté bien des armées, et a été témoin d'une infinité de combats. Deux fois nous y avons rencontré les armées combinées des pachas de Syrie et des beys d'Egypte, et deux fois nous les avons forcées de fuir devant nous, et de nous abandonner le champ de bataille.

J'ai tracé toutes les routes qui traversent l'isthme de Suez, et j'ai donné, sur cette partie peu connue jusqu'alors, tous les renseignemens qu'il m'a été possible de me procurer, persuadé qu'elle attireroit principalement l'attention des naturalistes et des militaires. J'y ai joint la chaîne du Liban avec celle de l'Arabie ; j'ai également tracé toutes les routes qui passent par le désert, telles que celle qui va de Damas à la Mekke, celle de Karac à Suez ou dans la Palestine, celle de la Mekke à Gaza, et enfin toutes celles qui conduisent de Syrie en Egypte. On y remarquera principalement la route la plus rapprochée de la Méditerranée; c'est celle tenue par notre armée dans son expédition en Asie. J'ai cru devoir y ajouter toutes les routes de la Basse-Egypte, afin de compléter le tableau géographique nécessaire pour suivre l'histoire des campagnes de Bonaparte en Orient.

J'ai marqué tous les ports et ancrages de cette

partie des côtes de la Méditerranée, pour faire connoître les points maritimes qui ont servi à notre expédition, tels que ceux de Jaffa, Tentoura et Acre. La plupart de tous les ports sont si petits, et tellement encombrés par les sables, qu'ils ne peuvent contenir que de très-foibles bâtimens de commerce; il n'y a que les rades d'Acre, de Tripoli et d'Alexandrette qui puissent recevoir des vaisseaux d'une certaine grandeur; encore y sont-ils mal abrités, et l'hiver tous ces parages sont dangereux. Sur les côtes d'Egypte, il n'existe que les deux ports d'Alexandrie : la rade d'Aboukir et les ancrages des bouches du Nil ne sont praticables que dans la belle saison.

J'ai indiqué tous nos champs de bataille d'Afrique ou d'Asie, afin de donner plus de facilité à les trouver à ceux qui liront l'histoire de nos campagnes, ou qui iront reconnoître dans le pays même les lieux où l'armée française d'Orient s'est immortalisée.

Traduction française des mots arabes employés dans la carte de Syrie.

Arabe.		Français.
Ain	signifie	Fontaine.
Bait		Maison ou habitation.
Bahar		Fleuve.
Bas		Vallée.
Bir		Puits.
Bir-el-Abd		Puits de l'esclave.
Birket		Lac.
Birket-el-Hadji. . . .		Lac des pélerins.
Bogaz		Embouchure de rivière.
Gebel ou Guebal . . .		Montagne.
Kasr ou kala		Château ou fort.
Kantara		Pont.
Kantara-el-Kasneh . .		Pont du Trésor.
Madieh.		Passage.
Minet		Port.
Nahar		Rivière, torrent.
Nahar-el-Kelb		Rivière du Chien.
Nahar-el-Leben . . .		Rivière du Lait.
Nahar-el-Kebir . . .		La grande rivière.
Ras		Tête. Les Arabes l'emploient pour dénommer un cap.
Ras-el-Kansir		Tête ou cap du Sanglier.

www.ingramcontent.com/pod-product-compliance
Ingram Content Group UK Ltd.
Pitfield, Milton Keynes, MK11 3LW, UK
UKHW020950220726
13924UKWH00002B/595